解读德鲁克

卓有成效的
组织管理

Drucker Sayings On Management

[美] 彼得·德鲁克 著
[日] 上田惇生 编

杨剑 译

机械工业出版社
CHINA MACHINE PRESS

图书在版编目（CIP）数据

卓有成效的组织管理 / （美）德鲁克（Drucker, P. F.）著，（日）上田惇生编；杨剑译 . —北京：机械工业出版社，2014.1（2025.4 重印）
（解读德鲁克）
书名原文：Drucker Sayings on Management

ISBN 978-7-111-45191-4

Ⅰ. 卓… Ⅱ. ①德… ②上… ③杨… Ⅲ. 德鲁克，P. F.（1909—2005）- 企业管理 - 组织管理学 - 语录 Ⅳ. F272.9

中国版本图书馆 CIP 数据核字（2013）第 298084 号

北京市版权局著作权合同登记 图字：01-2013-6791 号。

卓有成效的组织管理

[美]　彼得·德鲁克 (Peter F. Drucker)　著

出版发行：机械工业出版社（北京市西城区百万庄大街 22 号　邮政编码：100037）
责任编辑：张　昕　　　　责任校对：董纪丽
印　　刷：北京盛通数码印刷有限公司
版　　次：2025 年 4 月第 1 版第 16 次印刷
开　　本：130mm×185mm　1/32
印　　张：6.625
书　　号：ISBN 978-7-111-45191-4
定　　价：49.00 元

客服电话：（010）88361066　68326294

序

Drucker Sayings on Management

　　在人类历史上，没有什么比经营管理更能以如此之快的速度登上主角宝座了。这发生在明治初期，先前并没有任何征兆。尽管他们彼此毫无关系，但几乎在同时，日本的涩泽荣一、德国的乔治·西门子、美国的 J. P. 摩根分别提出了经营管理，他们三人都是肩负本国工业化的银行家。当时，这三个国家都有商业投资机会，也不乏创业家，但都缺乏抓住机遇将事业推向正轨的人才。顺便提一句，涩泽深刻意识到了这一问题，他创办了一所学校。这所学校就是一桥大学的前身。

　　于是他们三个人开始培养专业的经营管理人才。之后经营管理人才的培养不仅仅局限于商业领域，在构成近代社会根基的所有组织中，经营管理人才的培养也在急剧增长。

　　将经营管理归纳为一个体系，这项重要的工作却不得不等到第二次世界大战才开始。我也是从那时开始关心和着手经营管理的，本书收录的所有语句也是由此而来。

　　本书的名义作者是我，可真正的作者是友人上田惇生教授。上田教授为多年从事经营管理的人和那些刚开始接触经营管理的人，从我的主要著作中选取了一些语句并将它们编辑成文。在此，我与读者一并向他深表谢意！

彼得·德鲁克

2003 年初夏于加利福尼亚州

目录

Drucker Sayings on Management

第 15 章　社会责任 / 177

编译者后记 / 194

第1章

企业管理的职责

大转变时期，最重要的事情就是确认那些不变的基础与原则。

——《管理：使命、责任、实践》
（*Management: Tasks, Responsibility, Practices*）

组织存在的意义

以企业为首的所有组织都是社会的器官。组织的存在并不是为了自身。它通过发挥自身的机能，来满足社会、社区以及个人的需求。组织不是目的，而是一种手段。

——《管理：使命、责任、实践》
(*Management: Tasks, Responsibility, Practices*)

企业管理的三个职责

企业管理通过自身组织发挥作用，从而为社会做贡献，它有三个职责。第一，使企业的运作效率大大提高。第二，通过工作充分发挥劳动者的价值。第三，在处理自身带给社会影响的同时，为解决社会问题做出自己的贡献。

——《管理：使命、责任、实践》
(*Management: Tasks, Responsibility, Practices*)

确保组织的生存

　　管理最大的责任就是确保组织的生存、健全、完善的组织结构，确保组织可以承受任何打击，同时还要抓住机遇，灵活应对世界的急剧变化。

——《动荡时代的管理》
（*Managing in Turbulent Times*）

明确应该取得的成果

　　管理首先应该做的事情是明确组织自身应该取得的成果。如果真的着手去做的话，就会发现这是一件很困难但却非常重要的事情。为取得组织外部成果而实现资源的组织化这才是经营管理特有的机能。

——《21 世纪的管理挑战》
（*Management Challenges for the 21st Century*）

发挥优势，弥补劣势

管理与人密切相关。这种机能使人们共同协作取得成果成为可能，并可以发挥优势，弥补劣势。

——《管理新现实》
(*The New Realities*)

促进组织与个人成长

企业管理应该是这样的一个存在：适应需求与机遇的变化，促进劳动者成长。所有的组织都是学习与教育的机构。

——《管理新现实》
(*The New Realities*)

共同使命使组织得以凝聚

因目标明确的共同使命，组织得以实现一体化，得以取得成果。如果没有目标明确的使命，组织会立刻失去自身的信赖性。

——《知识社会》
(*Post-Capitalist Society*)

管弦乐队是明天组织的楷模

管弦乐队是明天组织的楷模，250 名队员都是专家。仅靠大号是无法演奏的，要靠整个管弦乐队 250 名队员看着同样的乐谱来演奏。

——《知识社会》
（*Post-Capitalist Society*）

指引方向而非发号施令

实现组织的目标与使命一致性，制定并实施战略计划，明确目标与应该取得的成果。组织需要可以做到这样的人才。这样的管理被赋予了强大的力量。但是，知识组织中的管理工作是指引方向而非发号施令。

——《知识社会》

（*Post-Capitalist Society*）

合理运用既存知识

　　如何有效地运用既有知识去创造成果？探求这一问题的答案所用到的知识就是企业管理。

——《知识社会》

（*Post-Capitalist Society*）

政府不可能拥有的企业特技

企业可以中止自己的事业。如果依赖市场，尤其是依赖资本市场，那就有可能出现不得不中止事业的情况。不管它多么坚固多么有钱，终究无法抵御市场的考验。

——《不连续的时代》
(*The Age of Discontinuity*)

医院不可能拥有的企业特技

企业是政府唯一允许可以消失的组织。就算大学、医院不再起任何作用，也不再具有生产性，只要不发生战争、革命之类的事件，政府也绝不允许它们消失。

——《不连续的时代》
（*The Age of Discontinuity*）

第 2 章

企业的定义

企业的定义中，存在长久生存的强大力量。但是，在人类创造的事物中并不存在所谓的永恒。

——《巨变时代的管理》
(*Managing in a Time of Great Change*)

成为基础的企业定义

所有组织都必须有自身的定义。目标明确并且具有一贯性的定义可以成为一个组织坚实的基础。

——《巨变时代的管理》
(*Managing in a Time of Great Change*)

我们的企业是什么

　　企业在定义自身的使命和目的时，其出发点只有一个，即顾客。满足顾客的需求既是企业的使命，也是企业的目的。因此，针对"我们的企业是什么"这一问题，我们只有从企业外部，即从顾客与市场方面来分析才可以做出回答。

——《管理：使命、责任、实践》
（*Management: Tasks, Responsibility, Practices*）

企业面临危机的原因

一帆风顺的大企业也有低迷时期，也会遭遇挫折、面临危机。并不是它们的经营管理方法不当，只不过是它们脱离实际罢了。它们对企业的定义已经与现实脱节了。

——《巨变时代的管理》
(*Managing in a Time of Great Change*)

怎样才能使企业的定义发挥作用

要想让企业的定义发挥作用就必须满足四个条件。经营环境、使命、优势三者的前提必须与现实条件一致。它们三者各自的前提必须互相一致，必须为众人所知，必须不断接受检验。

——《巨变时代的管理》
(*Managing in a Time of Great Change*)

重新考虑企业的定义

　　既然已经知道企业的定义是会逐渐陈旧的，那就必须重新考虑企业的定义，改变企业的方针与方法。企业的行动必须遵循新现实中的经营环境、肩负的使命以及特有的优势。

——《巨变时代的管理》

（ *Managing in a Time of Great Change* ）

达成目标之时

当一个组织达成目标的时候，原有事业的定义就会陈腐。因此，达成目标之时不是应该庆祝的时刻，而是应该重新考虑企业定义之时。

——《巨变时代的管理》
(*Managing in a Time of Great Change*)

急速成长背后的陈腐

急速的成长有时意味着企业定义的陈腐化。不管什么样的组织，短时间内以高于平时两三倍的速度成长的话，它就已经超越了原有企业的定义。

——《巨变时代的管理》
(*Managing in a Time of Great Change*)

失败的启示

难以预知的失败与突如其来的成功一样，其背后都隐藏着企业定义的陈腐化。就好比一个 60 多岁的老人会突发心脏病，必须谨慎对待。

——《巨变时代的管理》
（*Managing in a Time of Great Change*）

成功完成企业重新定义的人的思维方式

成功完成企业重新定义的人，不会将始料未及的失败归结为部下的无能和偶然因素，而是将其看成体系存在缺陷的一种征兆。他们不会将突如其来的成功当成自己的业绩，而是由此判断自身设定的前提条件中出现了哪些问题。

——《巨变时代的管理》
(*Managing in a Time of Great Change*)

第 3 章

战略计划

战略计划既不是魔法箱也不是技巧集，它是一种想法，将资源与行动结合起来。

——《管理：使命、责任、实践》

(*Management: Tasks, Responsibility, Practices*)

何为战略计划

何为战略计划？它是一个连续性的过程。创业者冒着风险进行决策，系统组织执行决策的活动，并将所取得的成果与预期目标进行比较。

——《管理：使命、责任、实践》
（*Management: Tasks, Responsibility, Practices*）

针对战略计划不得不提的问题

对所有类型的活动、产品、工程和市场，都必须问一个问题，"如果没有实行这个战略计划，那么接下来会实行吗？"如果答案是否定的，那还得再提问一个问题，"那么，是不是想尽早放弃这个计划呢？"

——《管理：使命、责任、实践》
(*Management: Tasks, Responsibility, Practices*)

为了明天，今天必须做什么

重要的不是明天该做什么，重要的是为了不确定的明天，今天应该做什么。

——《管理：使命、责任、实践》
(*Management: Tasks, Responsibility, Practices*)

动荡时代的战略计划

过去制订的计划是考虑将来会发生些什么，而动荡时代的战略计划追求的是：在创造未来的过程中，哪些事情已经发生了。

——《巨变时代的管理》
(*Managing in a Time of Great Change*)

已经发生的变化

出生率的剧增与剧减，在 15 年后甚至是 20 年后都不会给劳动人口的多少带来很大影响，但确实在发生变化。只要不出现战争、饥饿和瘟疫，就一定会出现一个结果。

——《为成果而管理》
(*Managing for Results*)

既成事实意味着什么

既成事实对企业有何种意义，可以创造什么机会，会带来什么样的威胁，要求有什么样的变化，可以让什么样的变化成为可能，可以将什么样的变化转变为有利条件？这些都是我们不得不提的问题。

——《巨变时代的管理》
(*Managing in a Time of Great Change*)

把握形势

懂得如何把握形势的人一定会取得成功。抵抗结构性形势变化的人在短期内取得成功是非常困难的，在长期内根本没有成功的希望。

——《巨变时代的管理》
（*Managing in a Time of Great Change*）

创造愿景

　　即使预测到将来哪些产品和制造方法是必要的，也没有什么实质性的意义。但是，针对产品和制造方法，决定实现什么样的理想，在这种理想的基础上才有可能创造不同于今天的企业。

——《为成果而管理》
（*Managing for Results*）

将愿景当成事业来实现

未来会发生什么指的是在未来会创造什么新事业，就是把新经济、新技术、新社会等愿景当成是事业来实现。这个愿景不需要有多伟大，但是必须与今天的常识有所不同。

——《为成果而管理》
（*Managing for Results*）

战略计划需要合理分配资源

再好的战略计划如果不能实现工作的具体化，也不过是一个好的意图罢了。成果是由组织内人才的合理分配来决定的。战略计划只有在有成果可言的活动中合理分配资源，才会有存在的意义。否则，即使有约定和希望，战略计划也是不存在的。

——《管理：使命、责任、实践》
（*Management: Tasks, Responsibility, Practices*）

第 4 章

核心竞争力

所有的人都是凭借自身的优势而不是依靠自身的劣势来获得报酬的。首先，我们应该问的一个问题就是：我们的优势是什么？

——《动荡时代的管理》
(*Managing in Turbulent Times*)

把握机遇 / 发挥优势

现在正在发生什么？对这一问题的回答明确了企业与产业的可能性。要想将这种可能性转变为现实就需要把握机遇发挥自身的优势。

——《巨变时代的管理》
(*Managing in a Time of Great Change*)

优势是具体的、特殊的

　　所有企业都需要知道自身的优势所在，并在此基础上制定战略计划。做什么才会一帆风顺呢？在什么领域才会取得成果呢？然而，几乎所有的企业都认为可以在一切领域占据领导地位。但是，优势通常是具体的、特殊的。

——《动荡时代的管理》
(*Managing in Turbulent Times*)

分析自己公司的优势

我们公司的优势是什么？做什么会一帆风顺呢？什么样的优势才具竞争力？利用优势干什么？这些都是不得不问的问题。

——《巨变时代的管理》
(*Managing in a Time of Great Change*)

优势分析告诉我们什么

优势分析在告诉我们应该在哪些领域有所增强的同时，也告诉了我们应该在哪些领域去获取新的优势。

——《巨变时代的管理》
（*Managing in a Time of Great Change*）

从内部看不到的优势

  熟悉的工作做起来非常简单，因此我们就会有这样的错觉：自身拥有的知识与能力并没有什么特别的意义，别人同样也拥有；反而会过分看重那些对自己很难而又不擅长的东西。

——《为成果而管理》
（*Managing for Results*）

通过与其他公司比较，认识自身的优势与劣势

我们必须要问：什么样的工作我们公司可以轻松完成而其他公司难以完成？什么样的工作其他公司可以顺利完成而我们公司却无法做到？

——《为成果而管理》
（*Managing for Results*）

通过顾客认识自身的优势与劣势

我们必须向顾客提这样一个问题：我们公司的哪些工作是其他公司做不到的？其实顾客通常并不知道答案，但是不管顾客给出的答案是多么不着边际，我们可以明确的一点就是去何处寻找这答案。

——《为成果而管理》
(*Managing for Results*)

组织必备的优势是什么

不同企业各具优势，即所谓的个性。但是所有的企业都具有一个必备的共同优势，那就是创新能力。

——《巨变时代的管理》
(*Managing in a Time of Great Change*)

成功路上必不可少的卓越性

要想在众多领域中出类拔萃是不可能的，但是要想取得成功就必须在众多领域中力争上游，就必须在一些领域中展现自身的卓越才能，就必须在一个领域中出类拔萃。

——《为成果而管理》
（*Managing for Results*）

第 5 章

顾　客

　　企业出售的东西正好是顾客需要
买的东西，这是十分罕见的。

——《为成果而管理》
（*Managing for Results*）

企业的目的在于创造顾客

企业的目的在于企业之外。企业是社会的组成部分，它的目的必然在于社会之中。因此，企业目的的有效定义只有一个，那就是创造顾客。

——《管理的实践》
(*The Practice of Management*)

顾客决定企业

顾客决定了企业是什么。购买商品、享受服务后付钱，从而将经济资源转变为财富，将东西转变为商品，而能做到这些的只有顾客。

——《管理的实践》
(*The Practice of Management*)

顾客的价值

企业可以生产东西并不重要，尤其是对企业的将来和成功来说不是特别重要。重要的是顾客会买的东西、有价值的东西。它规定了企业是什么、企业应该生产什么么，决定了企业能否取得成功。

——《管理的实践》
(*The Practice of Management*)

创造顾客必备的两个职能

企业的目的是创造顾客，因此企业具备两个基本职能：营销与创新。而这两个职能正是创业家所具备的。

——《管理的实践》
（*The Practice of Management*）

熟知市场与顾客的只有一人

熟知市场与顾客的只有一人，那就是顾客本人。因此，只有听取顾客的意见，观察顾客，充分了解顾客的行动，才会知道谁是顾客、他们想买什么、想怎么买、买后用来干什么、对产品有什么期待、发现了产品的什么价值等。

——《为成果而管理》
(*Managing for Results*)

顾客关心什么

顾客只关心自己想买和期待的东西，他们通常关心一种产品或者一个企业可以带给自己什么好处。

——《不连续的时代》
（*The Age of Discontinuity*）

其他产业的产品成为竞争对手

顾客买到了满意的商品，从这一事实出发，所有产品与服务突然被推上了其他产业竞争对手的位置，尽管彼此的生产、流通与销售的性质完全不同。

——《为成果而管理》
(*Managing for Results*)

凯迪拉克的竞争对手

凯迪拉克的购买者买的是交通工具还是富裕的象征？凯迪拉克的竞争对手是雪佛兰和福特还是钻石和貂皮大衣？

——《管理的实践》
(*The Practice of Management*)

顾客是合理的

顾客是合理的。认为顾客是不合理的这种想法是非常危险的。认为顾客的合理性和制造者的合理性相同，而且必须是相同的这一想法同样十分危险。

——《为成果而管理》
(*Managing for Results*)

重要的是非顾客的情报

最重要的情报不是关于顾客的，而是关于非顾客（潜在顾客）的，变化通常发生在非顾客世界。

——《下一个社会的管理》
(*Managing in the Next Society*)

只注重顾客的百货商场的失败

百货商场并不在意新登场的消费阶层，尤其是新生的富裕一代没有成为自己的顾客。20 世纪 80 年代末，这一非顾客群体成为影响购物倾向的阶层。只注重自己顾客的百货商场并没有注意这一变化，因此它们只能从越来越少的顾客手中去掌握越来越多的情报。

——《下一个社会的管理》
（*Managing in the Next Society*）

走出公司，去了解非顾客

不管一个人拥有什么样的事业（企业），站在责任人的立场上，大部分时间他就必须走出公司。了解非顾客是非常困难的，但是只有走出公司去了解他们才是拓展知识面的唯一道路。

——《下一个社会的管理》
(*Managing in the Next Society*)

第 6 章

市场营销

市场营销是比销售范围更广泛的活动。这并非某一领域的专业性活动，而是涉及所有产业的活动。

——《管理的实践》
（*The Practice of Management*）

市场营销不是销售

至今为止的市场营销不过是意味着完成与销售有关的全部职能。那仍然是一种销售而已。我们以产品为开端来寻找我们的市场。

——《管理：使命、责任、实践》
(*Management: Tasks, Responsibilities, Practices*)

不以产品而是以顾客第一为宗旨

市场营销以顾客第一为宗旨，首要考虑的是顾客的实际、需要和价值观。不是说"我们能提供什么样的产品和服务"，而是说"这些产品和服务对顾客来说有价值，有拥有的必要并且能满足他们的需要"。

——《管理：使命、责任、实践》
（*Management: Tasks, Responsibilities, Practices*）

市场营销不等于销售

销售和市场营销是截然不同的。不仅意义不同，而且没有互补的部分。一定程度的销售是必要的。但是，理想的市场营销不是要做销售。市场营销的目标是理解顾客，使产品服务达到顾客要求，从而自然而然地达到销售的目的。

——《管理：使命、责任、实践》
(*Management: Tasks, Responsibilities, Practices*)

消费者权益保护所要求的市场营销

消费者权益保护向企业要求的的确是市场营销。对于企业来说，它要求把顾客的需要、实际和价值观放在首位。它要求把企业的目标定义为满足顾客的需要。它要求把顾客的贡献作为它取得报酬的依据。

——《管理：使命、责任、实践》

（*Management: Tasks, Responsibilities, Practices*）

市场营销的耻辱

虽说已用很长一段时间来推行市场营销，消费者权益保护能够成为一种声势浩大的群众性运动，正表明市场营销并没有真正实行，消费者权益保护是市场营销的一种耻辱。

——《管理：使命、责任、实践》
（*Management: Tasks, Responsibilities, Practices*）

市场和流通渠道是产品两个必不可少的因素

企业以产品换取报酬这一道理显而易见而且并不会被人遗忘。但是，产品必须要有市场，虽同样显而易见却常常被人遗忘。而要使产品流向市场还必须要有流通渠道，这一点也容易被人们忽视。

——《为成果而管理》
（*Managing for Results*）

市场和流通渠道不可控

一个产品之所以称其为产品，它是在市场内通过流通渠道被一个顾客为了某种最终用途购买。但是，市场以及流通渠道是独立于任何一种产品而独立存在的。而市场和流通渠道，正是因为处于企业外部，因此无法对它们进行控制。企业虽然可以命令对一种产品进行改型，却无法命令市场和流通渠道做出变动。

——《为成果而管理》
(*Managing for Results*)

产品和流通渠道恰当的关系

流通渠道在适合产品的同时，又必须适合市场、顾客和最终用途。另外，产品又必须充分符合顾客这一流通渠道的要求。

——《为成果而管理》
(*Managing for Results*)

迅速变化的流通渠道

在现代经济中，流通渠道是迅速变化的。其变化比技术和顾客的需要或价值观的变化速度都要更快。至今没有一个关于流通渠道的决策在 5 年之后还不过时，也没有不需要新思想和根本性变革的。

——《为成果而管理》
(*Managing for Results*)

应该重视顾客的支出分配

企业非常关心自己的市场地位。它清楚地知道自己的销售额是增加还是减少。事实上，所有的企业都能很好地把握自己成长的进程，但是几乎没有企业知道真正重要的数字，即购买自己公司的产品和服务的钱占顾客全部支出的比例。

——《21 世纪的管理挑战》
（*Management Challenges for the 21st Century*）

支出分配是战略的基本资讯

支出分配的变化是所有资讯的根本，而且在所有所需的资讯中是最容易得到的，也是经营战略最基本的资讯。支出分配一旦稳定下来就会一直持续下去。

——《21 世纪的管理挑战》
(*Management Challenges for the 21st Century*)

支出分配的两个变化

21 世纪的前几十年里，支出分配范围内的变化和范围之外的变化都有增大的趋势，但是没有企业或经济学家注意到支出分配的变化，他们对此一无所知。

——《21 世纪的管理挑战》
(*Management Challenges for the 21st Century*)

抓住市场趋势

销量不仅是一个数字，我们需要看到市场趋势或潜在的市场。最根本最重要的是市场地位。所占市场份额在平均水平以下的企业会成为边缘性供应商，甚至连产品价格都将会被更强大的供应商操纵。

——《为成果而管理》
(*Managing for Results*)

市场份额下降的企业危险性

即使销售额上升了，但市场份额下降了，市场的扩大要比销售额的增长快得多，那也是不理想的。占有很小市场份额的企业终究会处于边缘状态而不堪一击。

——《管理：使命、责任、实践》
(*Management: Tasks, Responsibilities, Practices*)

在业绩上升之时采取措施

如果主打产品没有突出特色，在市场中也不占据主导地位的话，就必须在销售额或利润增长之时采取相应措施，因为不知何时销售额或利润就可能急剧减少。任何人都无法事前做准备或者感受到危险的存在。

——《为成果而管理》
(*Managing for Results*)

垄断者的错误

即使没有反垄断法，市场地位超过最高限度也是不明智的。这容易使在市场上占据统治地位的领导者感到高枕无忧。其错误在于自己的松懈自满。在市场上占据统治地位会使企业内部产生对任何创新的巨大反抗。因而难以适应外部变化，达到危险的程度。

——《管理：使命、责任、实践》
(*Management: Tasks, Responsibilities, Practices*)

垄断者丧失领导地位的理由

　　垄断者之所以会丧失领导地位，是因为没有赋予顾客选择权，这些顾客希望有第二个供应商出现，并在它真正出现时，群起相迎。

——《为成果而管理》
（*Managing for Results*）

垄断者的业绩不理想

在一个迅速扩大的市场（特别是新市场）中，垄断的供应商的业绩与有实力的竞争者相比处于劣势。或许占据80%的市场份额可能让它心情大好，但是100的80%比250的50%要少得多。

——《管理：使命、责任、实践》
（*Management: Tasks, Responsibilities, Practices*）

最大的并不是最合适的

企业追求的市场地位不应该是最高的，而应该是最适合自己的。

——《管理：使命、责任、实践》
（*Management: Tasks, Responsibilities, Practices*）

第 7 章

创　新

创新赋予资源创造财富的能力，
而事实上创新本身创造了资源。

——《创新与企业家精神》
（*Innovation and Entrepreneurship*）

寄托于企业家精神

今天，企业管理层从经营管理（作为体系管理的一部分）的这一侧面对企业进行全面干预。而且，现在必须由企业家进行干预。

——《为成果而管理》
(*Managing for Results*)

何为创新

创新是企业家特有的"道具",是将变化转变成机遇的一种手段,然后作为一个系统整合成可以学习、可以实践的东西。

——《创新与企业家精神》
(*Innovation and Entrepreneurship*)

创新存在于企业的各个方面

可以是设计、产品、市场营销上的创新，也可以是价格、客户服务上的创新，也可以是组织管理或管理方法上的创新，还可以是保险种类的创新，使企业能够承担新的风险。

——《管理的实践》
(*The Practice of Management*)

将焦点集中在市场

创新必须以市场为中心。以产品为中心的创新，可能会产生技术上的奇迹，但成果都会令人失望。

——《管理：使命、责任、实践》
（*Management: Tasks, Responsibilities, Practices*）

创新的机会

已经发生变化，但经济冲击尚未出现，这样的变化
将成为创新的机会。

——《管理：使命、责任、实践》
(*Management: Tasks, Responsibilities, Practices*)

应该系统地探索创新的七个机会

有必要对创新的七个机会（意外之事、偏差、需求、产业结构变化、人口结构变化、认知变化及新知识的获得）进行分析，仅仅保持不掉以轻心是不够的，必须做系统性分析，必须系统地探索创新的机会。

——《创新与企业家精神》
（*Innovation and Entrepreneurship*）

创新的认知力

所谓创新就是进行理论性分析的同时，也进行认知性的认识。创新必须要走出去，用眼看，用嘴问，用心听。

——《创新与企业家精神》
(*Innovation and Entrepreneurship*)

现有的事物是过时的

　　企业现有战略的假设是目前的产品、服务、市场及流通渠道、技术及生产规模将会继续下去。创新战略的假设是所有现存的事物都是过时的。

——《管理：使命、责任、实践》
(*Management: Tasks, Responsibilities, Practices*)

更新和更与众不同

企业现有战略的基本要求是"更多更好",而创新战略的基本要求则是"更新和更与众不同"。

——《管理:使命、责任、实践》
(*Management: Tasks, Responsibilities, Practices*)

第 8 章

生产率

所谓生产率，是为了用最小的努力获得最大的成果而谋求生产要素之间的平衡。

——《管理的实践》
（*The Practice of Management*）

生产率是体力劳动无法实现的

生产率的提高绝不是通过体力劳动实现的，它是抛开体力劳动的努力，用别的某种努力取代了体力劳动。

——《管理的实践》

(*The Practice of Management*)

提高生产率的六个条件

提高脑力劳动者生产率的条件有六个，分别是：思考工作的目标是什么，脑力劳动者负有提高生产率的责任，不断创新，持续不断地学习以及教导，明白质比量更加重要，脑力劳动者要被视为资产（资源）而不是成本。

——《21 世纪的管理挑战》
（*Management Challenges for the 21st Century*）

探索提高劳动生产率的原因

为了能够提高脑力劳动的生产率，首先应该问的是：目标是什么；要实现什么；为什么要那么做？

——《管理未来》
(*Managing for the Future*)

排除"打杂"

　　脑力劳动者和服务业劳动者所有的活动都必须受到这样的询问：这项工作对你原本的工作是否必要？对你的工作是否有帮助？是否能使你的工作更容易？如果答案是否定的，那么这样的活动是"打杂工"而不是工作。它要么变成一种独立的特有的工作，否则就没有存在的必要。

——《知识社会》
（*Post-Capitalist Society*）

让劳动者承担责任

事实上，工作的人更有责任了解什么能帮助他们产生更大的生产力，什么又会阻碍他们提高生产力。因此有知识有技能的劳动者必须承担起责任来。

——《动荡时代的管理》
(*Managing in Turbulent Times*)

知识要求继续学习

要提高脑力劳动者和服务业劳动者的生产率，就必须将不断学习纳入工作中。脑力劳动者需要不断地学习，因为知识本身也在不断更新。即使对服务业劳动者来说，也需要不断地自我完善和学习。

——《知识社会》
（*Post-Capitalist Society*）

创造一个教学组织

　　提高生产率最好的方法是讲授，在知识型社会中要提高生产率，组织必须成为一个教与学的组织。

——《知识社会》

(*Post-Capitalist Society*)

呼吁学习多种知识

我们中大多数人甚至是所有人实际利用的知识是我们所拥有的知识的一小部分。主要原因是我们没有动用自己拥有的多种知识。我们把各种知识放在"工具箱"中，却没有把它们当作工具充分利用起来。

——《知识社会》
（*Post-Capitalist Society*）

把焦点放在何处

在教学中，我们确实必须把焦点放在工具上。但是在使用工具的过程中，我们又必须把焦点放在成果、任务和工作上。

——《知识社会》
(*Post-Capitalist Society*)

将知识融会贯通是提高生产力的关键

融会贯通不仅是伟大艺术家的特点，而且是类似于像达尔文、波尔和爱因斯坦这种伟大科学家的特点。他们对知识融会贯通的能力可能是天生的，是我们称之为"天才"的那种神秘能力的一部分。但在很大程度上，可以通过学习达到融会贯通来提高知识的生产率。

——《知识社会》
（*Post-Capitalist Society*）

指派能产生成果的工作

如果对脑力劳动者有生产率要求的话，就必须指派他们去做能够产生成果的工作，而不是指派他们去做那些无论多么努力，他们的知识技能也不能创造出结果的工作。

——《动荡时代的管理》
(*Managing in Turbulent Times*)

第 9 章

利　　润

利润动机的危险在于，弄错了利润本身的意义，视利润为神话。

——《管理：使命、责任、实践》
（*Management: Tasks, Responsibilities, Practices*）

利润不是目的

　　如果有人问企业是什么时，一般的企业家都会回答说："是一个谋取利润的组织。"一般的经济学家也可能做出同样的回答。这种回答不仅不对，而且离题万里。

——《管理的实践》
(*The Practice of Management*)

利润是一种衡量企业稳固性的尺度

并不是说利润不重要，只是说利润不是企业和企业活动的目的，而是条件。利润不是企业决策的理由、原因和存在的根据，而是一种衡量企业稳固性的尺度。

——《管理的实践》

（*The Practice of Management*）

第9章 利　润

如果天使是经理人的话

　　即使坐在总经理位子上的不是企业家而是一个没有私欲的天使，也需要关心是否有利可图。在任何一个企业，问题都是要得到足以抵偿经济活动的风险从而避免出现赤字的最低限度的利润。

——《管理的实践》
(<i>The Practice of Management</i>)

利润是规避风险的保险费

企业的首要责任是要生存下去。换言之，企业经济学的指导原则不是谋求利润最大化，而是避免损失。因此，一个企业必须要生产出能够补偿它在经营过程中要承担的风险的保险费。这种风险保险费只有一个来源：利润。

——《管理的实践》
(*The Practice of Management*)

弥补发展风险所带来的损失

就如同把是否弥补昨天的成本当作一个问题一样，也必须把是否把弥补今天的成本当作一个问题。但最大的问题是，是否有能弥补发展风险所带来的损失的利益呢？

——《不连续的时代》
(*The Age of Discontinuity*)

为什么必须增加利润

企业还必须对教育、军备等社会性费用做出贡献。因此，企业必须要有足够的盈余来纳税，还必须生产出资本以便企业的扩建。最重要的是它必须有足够的利润来弥补它自己的风险。

——《管理的实践》
(*The Practice of Management*)

以利润为目的的企业容易产生内部矛盾

就企业的目的而言，如果职员的眼光瞄准的是利润的话，那么就不得不相信个人利益和企业利益之间是对立的，不得不迷信生产活动产生利润的同时也会产生个人利润。

——《管理的实践》
(*The Practice of Management*)

强调以利润为目标的错误

如果把利润作为企业的目标来大肆宣扬的话这对管理是一种误导，甚至会危及企业的生存和发展。为了今天的利益而牺牲明天的利益，致力于畅销产品，就会丧失拥有明天市场的产品。

——《管理的实践》
(*The Practice of Management*)

最低利润的规划

利润规划是很有必要的。但这是一种对于必需的最低利润的规划而不是所谓的利润最大化。

——《管理：使命、责任、实践》

(*Management: Tasks, Responsibilities, Practices*)

第 10 章

成　本

企业业绩的 90% 是根据最领先的 10% 的业务产生的。成本的 90% 是从产生低业绩的 90% 的业务中产生的。因此，业绩与成本无关。

——《为成果而管理》
(*Managing for Results*)

在企业的内部产生的事物

在企业内部只有成本被错误地称为利润中心。顾客购买产品和服务并支付金钱，这就产生了最初的利润。

——《知识社会》
(*Post-Capitalist Society*)

利润和成本不形成循环

利润流和成本流不是等量的。在经理的账簿上或者管理层的头脑中，利润流是成本流的反馈，成本流也是利润流的反馈，但是现实是，两者之间并不能循环。

——《为成果而管理》
（*Managing for Results*）

成本倾向于不产生成果的活动

利润弥补成本。但是如果不是有意识地致力于产生利润的项目，那么成本就是不会产生任何东西的活动，而且费力不讨好。如同资源和业绩一样，活动和成本也扩散了。

——《为成果而管理》
(*Managing for Results*)

成本与作业量成正比

卖不出去的产品的设计与畅销产品的设计，其成本是一样的。小订单与大订单的处理成本也相同。接受订单、日程管理、开账单、收费等作业量也相同甚至连小订单产品的包装、仓储以及物流的成本也与大订单几乎一样。因为生产是小订单唯一的较少占用时间的项目。

——《为成果而管理》
（*Managing for Results*）

削减成本最有效的方法

削减成本最有效的方法是停止一项活动。试图削减一部分成本是极少有效的。

——《为成果而管理》
(*Managing for Results*)

事前宣布的无效宣言

成本削减运动都以管理层宣布一项活动或一个部门将被取消作为开始，这就宣告了整个运动将毫无结果。其结果会损害那些重要的活动，并且那些不必要的活动在几个月以后将会恢复以往水平的成本。

——《为成果而管理》
(*Managing for Results*)

将企业综合考虑

有成效地削减成本要求必须纵览企业的全貌。否则，就会以降成本被推到了别处而告终。表面上这是削减成本的伟大胜利，但是几个月后，人们就会明白，总成本一如既往，居高不下。

——《为成果而管理》
（*Managing for Results*）

集中最大的成本

　　成本管理必须将最大的成本集中起来。使一个5万美元的成本项目削减10%所花费的劳动力，与使一个50万美元的成本项目削减10%所花费的劳动力相差无几。

——《为成果而管理》
（*Managing for Results*）

消费者关心的是总成本

对消费者来说重要的是总成本。成本是如何在从原材料到最终产品的经济链中运作的，他们对此毫无兴趣。消费者感兴趣的是为他的所得他付出了什么。

——《为成果而管理》
(*Managing for Results*)

成本化的汇率

就像对于其他能预见的危险一样，即使相对汇率变动，企业也应有保护自己的责任。现在，汇率是伴随着企业活动的日常成本。

——《为成果而管理》
(*Managing for Results*)

变成投机者的保守派

忍受风雪的教学方法告诉我们，如果同时从事货币交易和商品交易而没有主要业务的话，就会遭受惨重的损失。然而在当今的世界经济中，汇率不断波动，这就会使得保守的管理人员成为了投机者。

——《管理前沿》

（*Frontiers of Management*）

国内企业被迫接受国际化管理

　　在汇率急剧变动的今天，纯粹的国内企业也必须作为全球经济的一部分进行经营管理。

——《管理前沿》

(*Frontiers of Management*)

国际化融资

国内企业在与国外企业开展的以货币汇率为基础的竞争中，国际化融资是保护自己的最佳方法，也许是唯一的途径。

——《管理前沿》
(*Frontiers of Management*)

具备成本变化的企业形态

与世界经济混为一体，并容易受其影响的企业，必须学会把自己当作由各个不同的部分所组成的整体来管理：一部分是核心企业，它永久地根植于一个或两三个主要国家之中；另一部分的周边性企业，它能根据主要成本——劳动力、资本、汇率的变化在国与国之间移动并且快速地移动。

——《管理前沿》
（*Frontiers of Management*）

第 11 章

决　策

　　有相当一部分关于决策的争论内
容，都集中于解决问题即做出回答。
这并没有对准问题的焦点。

——《管理的实践》
（*The Practice of Management*）

决策源于事实依据

有关决策的教科书的第一页，都要求人们收集事实。但是，如果不给问题下定义，并将其分类的话，是无法做出决策的。

——《管理的实践》
(*The Practice of Management*)

要从问题的定义和分类开始

如果不给问题下定义，并将其分类的话，就无法认清事实，而只能得到数据。只有通过给问题下定义，并将其分类，才能获得有意义的数据，也就是事实。这样才能从好像很吸引人但毫无关系的数据中解放出来。

——《管理的实践》

（*The Practice of Management*）

战术决策

只重视解决问题的决策，是平常的、微不足道的战术决策。

——《管理的实践》
(*The Practice of Management*)

战略决策

要进行战略决策，需要掌握实情。有时甚至需要改变现状。进一步需要了解有何种资源存在，需要认清何种资源是必要的。

——《管理的实践》
(*The Practice of Management*)

寻找答案之前先找到问题

在进行战略决策时，无论范围、难度、重要性如何，都不能从一开始就直接寻找问题的答案。重要的不是发现正确的答案，而是找到正确的问题。

——《管理的实践》
（*The Practice of Management*）

真正的问题在别处

乍一看是问题的主要因素，但这些因素往往不是真正重要的，或者是原本毫无关系的。它们顶多是征兆，而且最显眼的征兆往往不是问题的关键。

——《管理的实践》
（*The Practice of Management*）

锁定问题需要花费时间

大多有关领导力的书和论文，都针对如何做出迅速、有效、强有力的决策展开论述。但是，没有比迅速锁定问题更愚蠢的建议，这样的建议归根到底只会造成时间的浪费。

——《管理的实践》
(*The Practice of Management*)

没有对立就没有决策

　　在全会一致的情况下，无法做出经过管理的决策。对立的意见相互冲突，不同的意见相互对话，从多个判断中选择之后才能形成决策。因此，决策的第一原则就是，没有产生对立的意见时，就不做出决策。

——《管理：使命、责任、实践》
（*Management: Tasks, Responsibility, Practices*）

促成意见对立的原因

之所以促成意见对立是有原因的。这是为了防止被看上去合乎道理但并不全面或错误的意见所迷惑。并且，这也为决策商讨对象预备了替代方案。进一步说，当做出的决策在实行阶段出现明显的错误或显然不全面时，也不会不知所措。再者，这也是为了刺激自身和他人的想象力。

——《管理：使命、责任、实践》
(*Management: Tasks, Responsibility, Practices*)

制定多个解决方案

针对一切问题，需要制定多个解决方案，是不变的原则。如果不这样做，便会掉入错误的二选一陷阱。

——《管理的实践》
(*The Practice of Management*)

不采取任何行动的解决方案

根据问题的不同，解决方案也是不同的。但是，就某一个解决方案，往往必须经过商讨后才能出笼。在没有找到最好的解决方案的情况下，不采取任何行动的解决方案反而更好。

——《管理的实践》
(*The Practice of Management*)

选择最好的解决方案的四个标准

从多个解决方案中选择最好的解决方案有四个标准。第一是风险标准。把从解决方案中获得的成果和需要承担的风险相比较。第二是经济性标准。弄清在各个解决方案中，能用最少劳动力带来最大成果的是哪个，能将混乱止于最小化的同时带来必要变化的是哪个。第三是时机标准。如果遇到需要紧急解决的问题，能将正在发生的重要事情通知到组织中每个人的解决方案是必要的。第四是人为制约标准。作为制约条件应纳入考虑范围的最重要的资源，是执行决策结果的人们。

——《管理的实践》
(*The Practice of Management*)

应参与讨论的人

　　要将决策付诸实行，必须使在实施决策时能引起某种行动的人（反过来说，就是能对决策的实施造成妨碍的所有的人）承担起各自的责任，在决策形成前参与讨论。这并不是民主主义，而是商业推销能力。

——《管理：使命、责任、实践》

（*Management: Tasks, Responsibility, Practices*）

第 12 章

目标管理

所谓组织的健全性，是指高标准的要求。之所以需要进行目标管理，也是因为高标准是必要的。

——《管理：使命、责任、实践》
(*Management: Tasks, Responsibility, Practices*)

主动制定目标

必须主动制定自身统领部门的目标。虽然领导拥有批准所制定目标能否实行的权利，但制定目标归根到底是部门经理的责任，而且是部门经理最重要的责任。这意味着各个部门经理针对如何制定自身统领整个部门的目标，必须承担起相应责任积极参与。

——《管理的实践》
(*The Practice of Management*)

明确目标

将自身统领部门应取得的成果即目标明确化。将本部门为帮助其他部门达成目标而应做出的贡献明确化。将本部门为达到其他部门的期待所做出的努力和付出明确化。

——《管理：使命、责任、实践》

(*Management: Tasks, Responsibility, Practices*)

由贡献决定目标

目标由对自身部门所做出的贡献决定。项目工程师的目标由他和他的下属对整个技术部门所做出的贡献决定。业务经理的目标由业务部对整个组织所做出的贡献决定。

——《管理：使命、责任、实践》
(*Management: Tasks, Responsibility, Practices*)

理解目标所追求的成果

在组织中工作的人，必须认识、理解企业目标自身所追求的成果。领导也需了解向他们寻求的、期待他们做出的应有贡献，然后对他们进行评价。

——《管理的实践》

(*The Practice of Management*)

从支配到自我管理的转换

假设目标管理对于确定整个企业管理的方向或工作的整体性来说是不需要的，但对于基于自我管理的企业管理来说是不可或缺的。目标管理最大的优点，是用自我管理取代支配管理。

——《管理的实践》
(*The Practice of Management*)

依据自我管理的目标管理的有效性

依据自我管理的目标管理，以人类追求责任、贡献、成果为前提。这虽是一个大胆的前提，但我们都知道每个人几乎都会按照自身的期待有所行动。

——《管理：使命、责任、实践》
（*Management: Tasks, Responsibility, Practices*）

经营的哲学

基于自我管理的目标管理，不能局限于口号、技巧、方针，而需将其视为原则。我不想轻易使用哲学这个词，因为太夸张了。但正是基于自我管理的目标管理，才应成为经营的哲学。

——《管理：使命、责任、实践》
（*Management: Tasks, Responsibility, Practices*）

自我管理需要信息

要管理自己的工作状况，只了解自己的目标是不够的，必须对照目标进行评估。因此，信息是不可或缺的。而且，为了能够采取必要的措施，需尽早掌握信息。

——《管理：使命、责任、实践》
（*Management: Tasks, Responsibility, Practices*）

信息不是管理下属的工具

信息需要直接传达给本人而不是上级，这一点特别重要。信息是自我管理的工具，不可作为上级管理下属的工具。

——《管理的实践》
(*The Practice of Management*)

寻求唯一目标的错误

所谓经营管理，就是在开展业务时，使多种需求和目标达到平衡。因此，需要进行判断。仅仅寻求一个目标归根到底就是为了不进行判断，探求神奇公式。用公式代替判断，常常会出错。

——《管理的实践》
(*The Practice of Management*)

企业需要多个目标

　　我们能够做成的事情是，对准目标，收集事实，针对决策和行动的有效性，确定一定的标准，来使判断成为可能。因此，从企业的本质来看，需要多个目标。

——《管理的实践》
(*The Practice of Management*)

第 13 章

人员管理

对所有的团体组织来说，人是其宝贵财富。但是，几乎没有一个组织将人是宝贵财富这一理念付诸行动。

——《巨变时代的管理》
(*Managing in a Time of Great Change*)

不应将人视为成本，而应将人视为资源

众所周知，对大多数经营管理来说，在所有资源中，最未被充分利用、最未被充分开发的是人力资源。但事实上，大多数有关人员管理的宣传，并不是把人力视为资源，而是将人员管理视为问题、琐事、成本。

——《管理：使命、责任、实践》
（*Management: Tasks, Responsibility, Practices*）

将人员作为同事而不是作为下属对待

　　以知识为基础的新产业能否成功，取决于在多大程度上吸引并留住知识分子，激起他们的斗志。这就必须通过满足他们的价值观，提高他们的社会地位，给予他们社会性的力量，使他们能够大显身手。因此，不应将他们视为下属，而应将他们视为同事；不应将他们视为高成本的职员，而应将他们作为合作伙伴对待。

——《下一个社会的管理》

（*Managing in the Next Society*）

志愿活动需要动机形成

知识分子的动机形成，与志愿活动的动机形成是相同的。从事志愿活动，正是因为没有报酬，才从工作中得到满足。

——《21 世纪的管理挑战》
(*Management Challenges for the 21st Century*)

将工作营销化

人员管理意味着将工作营销化。营销的出发点，并不是为了满足组织的期待，而是为了满足对方的期待。即对对方来说，何为价值，何为目的，何为成果。

——《21 世纪的管理挑战》
(*Management Challenges for the 21st Century*)

相对于部分的简单加总更应创造出大整体

企业管理者有两项工作。第一，相对于部分的简单加总，更应创造出大整体，即创造出产生超过投入资源总和的大成果。第二，调和当前需求和未来需求。

——《管理：使命、责任、实践》
(*Management: Tasks, Responsibility, Practices*)

组织的 DNA 存在于实务部门

必须将权限和责任集中在第一线。只将他们做不到的事情委托给上级。DNA 正是存在于第一线的。上级组织根据 DNA 规定一切事项。

——《管理的实践》
(*The Practice of Management*)

使人事明确化的管理特质

有关人事的决定，使企业管理者有多大能力、拥有何种价值观、认真的程度等明确体现出来。无论如何隐藏，人事都会被人所知，因为其格外突出。

——《管理前沿》
(*Frontiers of Management*)

人事以强项为中心

　　为了取得成果，必须以强项为中心，调整人员变动、安排晋升。在人事方面，与其将人的弱点抑制到最小化，不如最大限度地使人的强项得到发挥。林肯总统在选定最高指挥官人选时，参谋提醒他格兰特将军有酗酒的习惯，总统却说："如果有好酒，也分给其他将军吧。"

——《卓有成效的管理者》
（*The Effective Executive*）

工作状况以外的评定就是权力滥用

即使有科学依据，即使在很大程度上明察内情，将焦点集中于已完成工作以外的方面，如潜力、人品、发展可能性等，这样的人事评定也是权力滥用。

——《管理的实践》
(*The Practice of Management*)

不能认可平凡的工作

平凡的工作，当然不能得到褒扬，甚至不能得到认可。将自己的目标定得太低的人，工作状况未达到标准的人，就不能留在工作岗位上。

——《管理的实践》
（*The Practice of Management*）

从来不犯错误的人的缺点

越是优秀的人，犯过的错误就越多。这是因为他们愿意挑战新鲜事物。对于没有犯过一次错误的人，或没有犯过重大错误的人，不能将他们安排在高层。没有犯过错误的人是平庸之辈。而且他们也不知道如何发现错误，并尽早改正错误。

——《管理的实践》
(*The Practice of Management*)

不公正人事安排的弊端

如果善于迎合钻营的人得到晋升，那么组织本身也会变成无法取得任何业绩、只知迎合钻营的世界。对于公正的人事安排没有竭尽全力的高层管理，不仅仅需要承担有损组织业绩的风险，甚至会有损人们对组织本身的敬意。

——《管理前沿》

（*Frontiers of Management*）

对于不合理人事安排的处置方法

对于在人事安排中不合理的人员，如果将他们继续留在原来的位置上，就不是体贴关怀，而是故意难为他们。没有任何理由让他们辞职。一流的技术人员，一流的分析家，一流的销售部门经理总是必要的。妥善的处理方法是让他们回到以前的岗位，或与自己的能力相称的岗位。

——《管理前沿》
(*Frontiers of Management*)

不可过分强调晋升

即使是在迅速成长的企业中，能进一步晋升的人也只有一部分。因此，如果过分强调晋升，在企业管理的过程中，五个人中就会有三四个人产生不满，从而有损士气。

——《管理的实践》
(*The Practice of Management*)

取得成果的人的待遇

为了不过分强调晋升，可行的方法之一是，对于在当前的工作中取得卓越成果的人，将与晋升相当的报酬加到他的工资中。

——《管理的实践》
(*The Practice of Management*)

一个人取得的报酬体现出他的价值

对组织内部的人来说，没有比报酬或报酬制度更强有力的信号了。报酬不仅仅有金钱上的含义，还体现了最高价值。报酬告诉人们自己拥有怎样的价值，告诉人们自己所在的位置和被认可的程度。

——《管理：使命、责任、实践》
(*Management: Tasks, Responsibility, Practices*)

建立合理报酬制度的难度

　　建立相当合理的报酬制度是很困难的。我们能做到的是不要褒奖错误的行动，不要强调错误的成果，不要往错误的方向上引导，我们能做到也仅仅是在这些方面有所留意。

——《管理：使命、责任、实践》
(*Management: Tasks, Responsibility, Practices*)

第 14 章

组织结构

合理的结构并不能够保证组织取得成果，但不合理的结构会使组织无法取得任何成果，无论付出多大的努力都是徒劳。

——《为成果而管理》
（*Managing for Results*）

组织结构是业绩的前提条件

优良合理的组织结构并不一定会带来优秀的业绩。就像合理的宪法不一定会产生伟大的总统，合理的法律不一定会带来有道德的社会。但是，如果组织结构不合理，无论经营管理者多么有能力，也不会带来优秀的业绩。

——《管理的实践》
(*The Practice of Management*)

将组织的基本活动置于组织结构的中心

设计组织结构应从回答"为了达成组织的目的，在何种领域需要有卓越优势"这一问题出发。应当留心的是，对于达成组织目的和战略成功方面不可或缺的基本活动。正是这一基本活动最先识别、规定组织结构，因此必须将其置于组织的中心。

——《管理：使命、责任、实践》
（*Management: Tasks, Responsibility, Practices*）

组织结构应服从组织战略

　　组织结构应服从组织战略。组织结构是为了达成组织目的的手段。设计组织结构必须从目的和战略入手。这才是对于组织结构卓有成效的洞察。设计组织结构时最严重的错误就是，机械套用理想模型或万能模型。

——《管理：使命、责任、实践》

（*Management: Tasks, Responsibility, Practices*）

战略变更需要全新的分析

如果改变战略，就必须事先分析组织结构。市场、技术变化、经营多样化等。无论因为何种理由改变目标，如果改变战略，针对基本活动的全新分析、并采用与基本活动相对应的组织结构是不可或缺的。

——《管理：使命、责任、实践》
（*Management: Tasks, Responsibility, Practices*）

组织应遵守的原则

　　在组织中，有一些必须遵守的原则，必须做到透明化，所有人都必须了解并理解组织的结构，必须有一个总决策者，面临危机时由他指挥，他拥有权限的同时需承担一定责任。无论对谁来说，上级都只有一人，必须减少小圈子的数目。

——《21 世纪的管理挑战》
（*Management Challenges for the 21st Century*）

劳动者是否容易理解工作

在组织结构中,所有人都必须理解整个组织的工作。必须理解在整个组织中位于何种位置,整个组织的工作对于自己的工作、贡献、努力来说有何意义。

——《管理:使命、责任、实践》
(*Management: Tasks, Responsibility, Practices*)

能否用较短时间将组织运作起来

所谓优秀合理的组织结构，是所有人都对自身进行自我管理，能让人产生工作动力的结构。也就是说，组织结构、管理、交流、人事安排能使组织运作耗时越短越好。

——《管理：使命、责任、实践》
(*Management: Tasks, Responsibility, Practices*)

每增加一个小圈子就会增加一倍的杂音

在管理中，每增加一个小圈子，组织就会变得越发僵化刻板。各个小圈子的不同声音会导致决策延误。依据信息理论法则，每增加一个信息传达的中转点也就是小圈子的数目，信息量就会减少一半，而杂音会增加一倍。

——《管理前沿》
（*Frontiers of Management*）

从现在开始减少中转点

现在到了开始减少中转点的时候了。方法之一是不补充。即使某个岗位由于人员退休、死亡、辞职而出现空缺，也不能自动安排新的人员。甚至不能进行商讨。应将其空出 6 ～ 8 个月静静观察。如果没有强烈要求，就将该岗位废除。

——《管理前沿》
（*Frontiers of Management*）

应解决年龄结构的差别

只有年长者参与的企业管理，出现了问题很快就会
自然消失。只要企业本身不因为年长者而倒闭，问题就
会解决。但是，只有年轻人参与的企业管理，使下一代
年轻人无论什么时候都没有晋升的机会。重要岗位全部
都由从现在起 20 年后前途无量的年轻人占据。

——《管理的实践》
(*The Practice of Management*)

各个组织结构的优点和弱点

必须了解与组织结构种类相对应的优点和弱点。必须了解何种组织结构适合何种工作，为适应工作变化，应何时改变组织结构。

——《21世纪的管理挑战》
(*Management Challenges for the 21st Century*)

组织的目的不是均衡

必须抛弃一定存在唯一绝对答案的思维方式。只要能使组织中的成员取得成果、做出贡献的组织结构，都是正确的答案。组织的目的是为了解放人的潜力和动员组织成员，唯一绝对的均衡和协调不是组织的目的所在。

——《管理：使命、责任、实践》
（*Management: Tasks, Responsibility, Practices*）

轻易进行组织改革的危险

不能轻易进行组织改革，组织改革如同手术一般，即使是小改革也伴随一定风险。必须避免频繁的组织改革。本来就没有完美无缺的组织。对于一定程度上的摩擦、不和谐、混乱须做好心理准备。

——《管理：使命、责任、实践》
(*Management: Tasks, Responsibility, Practices*)

第 15 章

社会责任

企业存在于社会和经济之中。但是，当企业局限于组织内部时，如同存在于真空中一样。

——《管理：使命、责任、实践》
(*Management: Tasks, Responsibility, Practices*)

企业如果得不到社会的承认就无法存在

社会和经济，能令任何一个企业在一夜之间倒闭。企业在社会和经济允许下存在，只要企业从事有用并且具有生产性的工作，就会允许其存续下去。

——《管理：使命、责任、实践》
(*Management: Tasks, Responsibility, Practices*)

业绩才是首要责任

产生具有经济效益的业绩，才是企业的首要责任。未取得与资金成本相当的利益的企业，至少从社会的立场上来看，是不负责任的，只是在浪费社会资源而已。如果无法产生业绩，企业就无法履行其他任何责任，无法成为优秀的雇用者，优秀的市民、优秀的邻居。

——《知识社会》
(*Post-Capitalist Society*)

将公益作为企业的利益

企业管理不能对公共利益毫不关心，而且，仅仅使自身利益从属于公益是不够的。应当通过将公益视为自身利益，实现公益与自身利益相协调。

——《管理的实践》
(*The Practice of Management*)

赋予愿景和使命

企业为了自身存续，必须将最有能力且受教育程度最高、最有献身精神的年轻人吸引进来。因此，仅仅在职业资格、生活保障、经济报酬上有所照顾是不够的，必须赋予他们愿景和使命，必须满足他们想要为社区和社会做出有意义贡献的需求。

——《管理的实践》
(*The Practice of Management*)

组织所承担的两项社会责任

社会责任问题，对企业、医院、大学来说，存在于两个领域。一是自身活动给社会带来的影响。二是与自身活动无关的社会本身的问题。

——《管理：使命、责任、实践》
(*Management: Tasks, Responsibility, Practices*)

自身给社会带来的影响

特殊钢铁车间的目的不是产生噪声，释放有害气体，应当是为顾客生产高性能的金属。因此，不得不产生噪声、热量、烟雾。这些给社会带来的影响，伴随着组织的目的产生，是大多数情况下最无法避免的副作用。

——《管理：使命、责任、实践》
（*Management: Tasks, Responsibility, Practices*）

企业管理者须承担给社会带来影响的责任

无论是否是故意的，企业自身须承担给社会带来影响的责任，这是原则。对于组织给社会带来的影响，由该组织的管理者承担责任，这毫无商量的余地。

——《管理：使命、责任、实践》
(*Management: Tasks, Responsibility, Practices*)

用野兽原则就能理解企业管理者的责任

对于自身施加的影响应当承担责任，是自古以来的法则。这与自身的过错、怠慢毫无关系。最初明确这一法则的古罗马法律家，将其称为野兽原则。狮子从笼子中逃脱，饲养人需要承担责任。这与是不是不小心打开了笼子，或者因为地震使笼锁出现松动没有关系，与狮子凶暴有关。

——《21世纪的管理挑战》
（*Management Challenges for the 21st Century*）

消除给社会带来的影响

　　自身要消除给社会带来的影响，首先需明确影响是什么。应如何消除已经明确的影响？目标是清楚的。在给社会、经济、地域、个人带来的影响中，对于达成组织的目的和使命并不是不可或缺的影响，就应当消除。至少将其最小化。

——《管理：使命、责任、实践》

（*Management: Tasks, Responsibility, Practices*）

针对导致成本增加情况的对策

对于因为去除影响导致成本增加的情况，必须商讨出限制方法，用最小的成本带来最大的利益，准备好成熟的方案。就正确限制方法的制度化进行商讨是必要的。迄今为止不仅仅是企业，一切组织团体的管理者都在逃避责任。

——《管理：使命、责任、实践》
(*Management: Tasks, Responsibility, Practices*)

社会自身问题的影响

　　组织存在于社会环境中。组织是社会的组织，因此，难免受到社会自身问题的影响。即使忽视社区问题，拒绝着手解决问题，社会问题对于组织来说，也是应当关心的事情。这是因为即使是健全的企业、健全的大学、健全的医院，在不健全的社会中，也难以发挥作用。

——《管理：使命、责任、实践》
（*Management: Tasks, Responsibility, Practices*）

对企业管理的挑战

社会问题是使社会功能不健全、使社会退化的弊病，是对组织，尤其是对企业管理者的挑战。

——《管理：使命、责任、实践》
（*Management: Tasks, Responsibility, Practices*）

社会性创新才是最大的机遇

　　将社会问题转化为企业的最大机遇，不是新技术、新产品、新服务，而是社会问题本身得到解决，即对事业来说，机遇在于社会性创新。企业取得成功的秘密，也存在于社会性创新之中。

——《管理：使命、责任、实践》
（*Management: Tasks, Responsibility, Practices*）

由能力限定社会活动

组织尤其是企业，对于自身给社会带来的影响，必须完全掌握承担相应责任的必要能力。但是，在除此以外的社会性责任的领域，行动的权利和义务受限于自身固有的能力。

——《管理：使命、责任、实践》

(*Management: Tasks, Responsibility, Practices*)

由价值观决定社会活动

组织必须避免开展与自身价值体系不一致的课题。熟练程度很容易做到，知识很容易掌握。但是，价值观是无法改变的。没有一个组织能在自身认为不重要的领域开展卓有成效的活动。

——《管理：使命、责任、实践》
(*Management: Tasks, Responsibility, Practices*)

不要明知故犯

以经营管理者的立场从事工作的人，作为团体中的一员，处于领导地位，必须遵守职业道德，即必须遵守承担责任的道德规范。遵守职业道德，承担责任，这在2 500年前古希腊名医希波克拉底的誓言中，就已经明确表示出来。这就是"不要明知故犯"。专业人士只要不明知故犯，就一定能得到顾客的信赖。如果不相信这一点，别的事情也无法相信。

——《管理：使命、责任、实践》
(*Management: Tasks, Responsibility, Practices*)

编译者后记

　　对于企业管理，有的经理明确地说自己只是按照德鲁克说的那样工作过来的。他们一定在笔记本上画好线，将这些名言工工整整地抄上。人们坚信德鲁克讲的话并不是针对其他人，而是适用于自己的，这就是德鲁克的魅力所在。事实也正是如此。

　　德鲁克的话，适用于我们每个人。人人都对德鲁克的话感兴趣是理所当然的。

　　既然人们共同工作已经是理所应当的事，那么组织与工作将如何进行管理，受"用户和劳动者双方是否幸福"所左右。因此，德鲁克发明了现代管理，成为现代管理学之父。

　　本书是由编者从德鲁克的超过 7 000 句名言中，精选出与企业管理相关的 200 多句名言组成的。归根结底是德鲁克名言的基本内容和基本原则的摘录。本书文字经过了重新翻译调整，以追求言简意赅。如果本书与同时出版的《卓有成效的个人管理》《卓有成效的变革管理》《卓有成效的社会管理》能一同成为劳动者的座右铭，我作为编译者将无比高兴。

在此，向给我提供这一机会的德鲁克教授、钻石社的御立英史先生、中嶋秀喜先生、小川敦行先生深表谢意！

上田惇生
2003 年夏

彼得·德鲁克全集

序号	书名	要点提示
1	工业人的未来 The Future of Industrial Man	工业社会三部曲之一，帮助读者理解工业社会的基本单元——企业及其管理的全貌
2	公司的概念 Concept of the Corporation	工业社会三部曲之一，揭示组织如何运行，它所面临的挑战、问题和遵循的基本原理
3	新社会 The New Society：The Anatomy of Industrial Order	工业社会三部曲之一，堪称一部预言，书中揭示的趋势在短短十几年都变成了现实，体现了德鲁克在管理、社会、政治、历史和心理方面的高度智慧
4	管理的实践 The Practice of Management	德鲁克因为这本书开创了管理"学科"，奠定了现代管理学之父的地位
5	已经发生的未来 Landmarks of Tomorrow：A Report on the New "Post-Modern" World	论述了"后现代"新世界的思想转变，阐述了世界面临的四个现实性挑战，关注人类存在的精神实质
6	为成果而管理 Managing for Results	探讨企业为创造经济绩效和经济成果，必须完成的经济任务
7	卓有成效的管理者 The Effective Executive	彼得·德鲁克最为畅销的一本书，谈个人管理，包含了目标管理与时间管理等决定个人是否能卓有成效的关键问题
8 ☆	不连续的时代 The Age of Discontinuity	应对社会巨变的行动纲领，德鲁克洞察未来的巅峰之作
9 ☆	面向未来的管理者 Preparing Tomorrow's Business Leaders Today	德鲁克编辑的文集，探讨商业系统和商学院五十年的结构变化，以及成为未来的商业领袖需要做哪些准备
10 ☆	技术与管理 Technology，Management and Society	从技术及其历史说起，探讨从事工作之人的问题，旨在启发人们如何努力使自己变得卓有成效
11 ☆	人与商业 Men，Ideas，and Politics	侧重商业与社会，把握根本性的商业变革、思想与行为之间的关系，在结构复杂的组织中发挥领导力
12	管理：使命、责任、实践（实践篇） Management:Tasks,Responsibilities,Practices	
13	管理：使命、责任、实践（使命篇） Management:Tasks,Responsibilities,Practices	为管理者提供一套指引管理者实践的条理化 "认知体系"
14	管理：使命、责任、实践（责任篇） Management:Tasks,Responsibilities,Practices	
15	养老金革命 The Pension Fund Revolution	探讨人口老龄化社会下，养老金革命给美国经济带来的影响
16	人与绩效：德鲁克论管理精华 People and Performance: The Best of Peter Drucker on Management	广义文化背景中，管理复杂而又不断变化的维度与任务，提出了诸多开创性意见
17 ☆	认识管理 An Introductory View of Management	德鲁克写给步入管理殿堂者的通识入门书
18	德鲁克经典管理案例解析（纪念版） Management Cases(Revised Edition)	提出管理中10个经典场景，将管理原理应用于实践

彼得·德鲁克全集

注：序号有标记的书是新增引进翻译出版的作品